最高の贈りもの

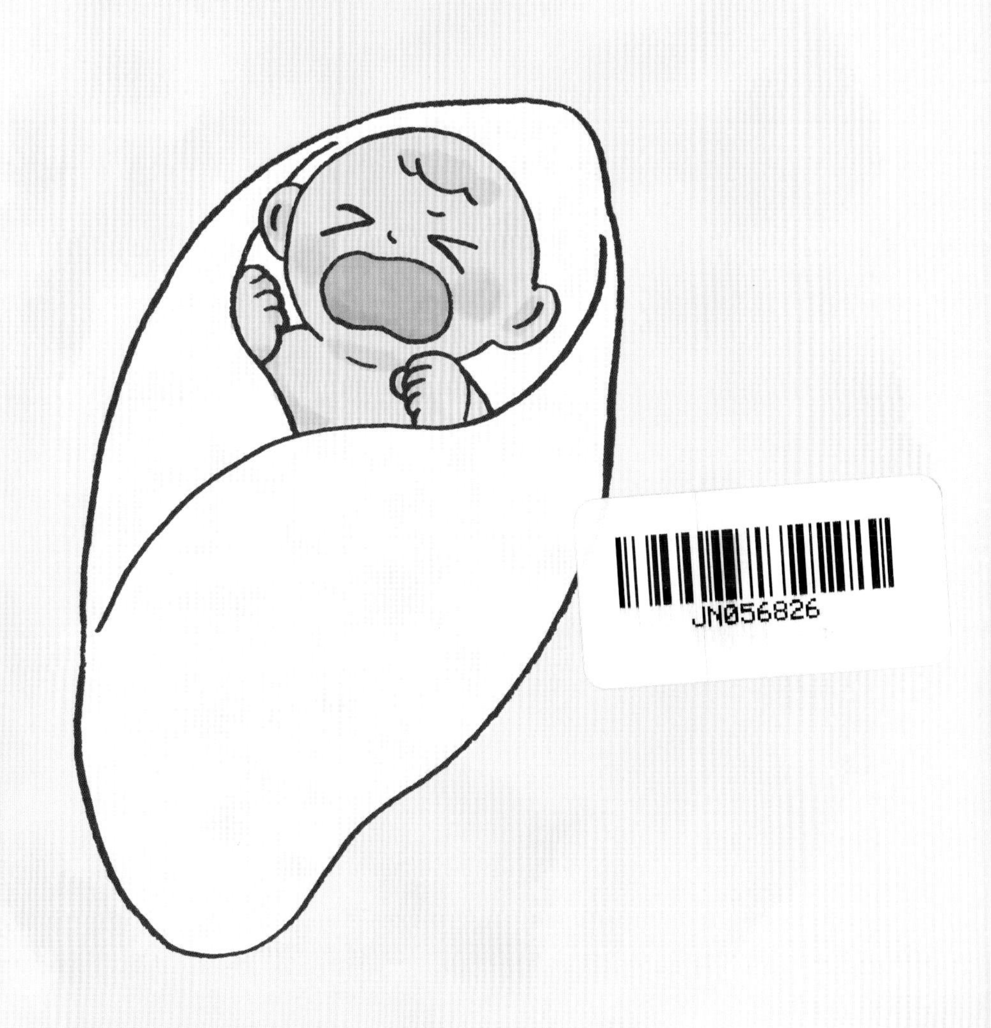

新しい年のはじまりとともに

ぼくは生まれた

「どんな名前をつけようか」
「強そうな名前がいいな」

みんなの楽しそうな声がきこえる

ぼくの名前は

じーちゃんがつけてくれることになった

「名前(なまえ)は一生(いっしょう)のお守(まも)りだ
どんな願(ねが)いをこめようか」

じーちゃんはぼくのために
たくさんの名前(なまえ)を
考(かんが)えてくれた

「名前を決めたぞ！

一綱だ

立派な大横綱のように
強くまっすぐ育っておくれ！」

小学生(しょうがくせい)になったぼくは
じーちゃんの願(ねが)いとは
ちがう子(こ)に育(そだ)っていた

背が小さくてひっこみじあん
言いたいこともいえない

本当はぼくの名前のように
もっと強くなりたいのに…

それでもじーちゃんはいつもやさしかった

なんでも話を聞いてくれたし
落ちこんだ時はそっと背中を押してくれた

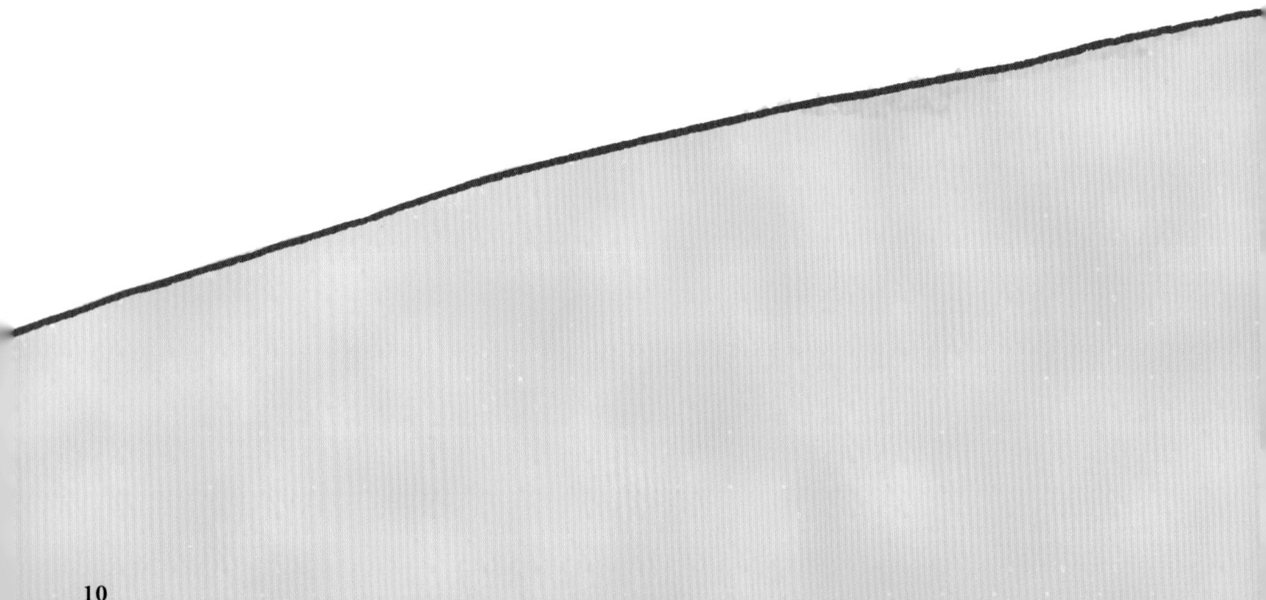

ある日学校の先生が
ぼくの名前をほめてくれた

「強そうな名前ね
武将さんみたい」

「強そうだって…！」
ぼくは自分が強くなったみたいで
とてもうれしかった

名前に背中を押されるように
ぼくは少しずつ前に出るようになった

できることが増えていく
ぼく強くなってる！

やった!
内定
大きくなるぞ

順調(じゅんちょう)にのぼっていた道(みち)は
社会人(しゃかいじん)になると下(くだ)り坂(ざか)になった

やりたいことができない
自分(じぶん)らしさが出(だ)せない
どんどん自信(じしん)がなくなっていく…

ただ日々を過ごすぼくに

ある日電話がかかってきた

「一綱…

おじいちゃんがなくなったよ」

働きはじめてからは忙しくて

ぼくはほとんどじーちゃんに会えていなかった

電話をすれば弱音ばかりで

ちっとも強い自分をみせられなかった

じーちゃんはおだやかにねむっていた

「じーちゃん、ぼくどうしたらいい？」

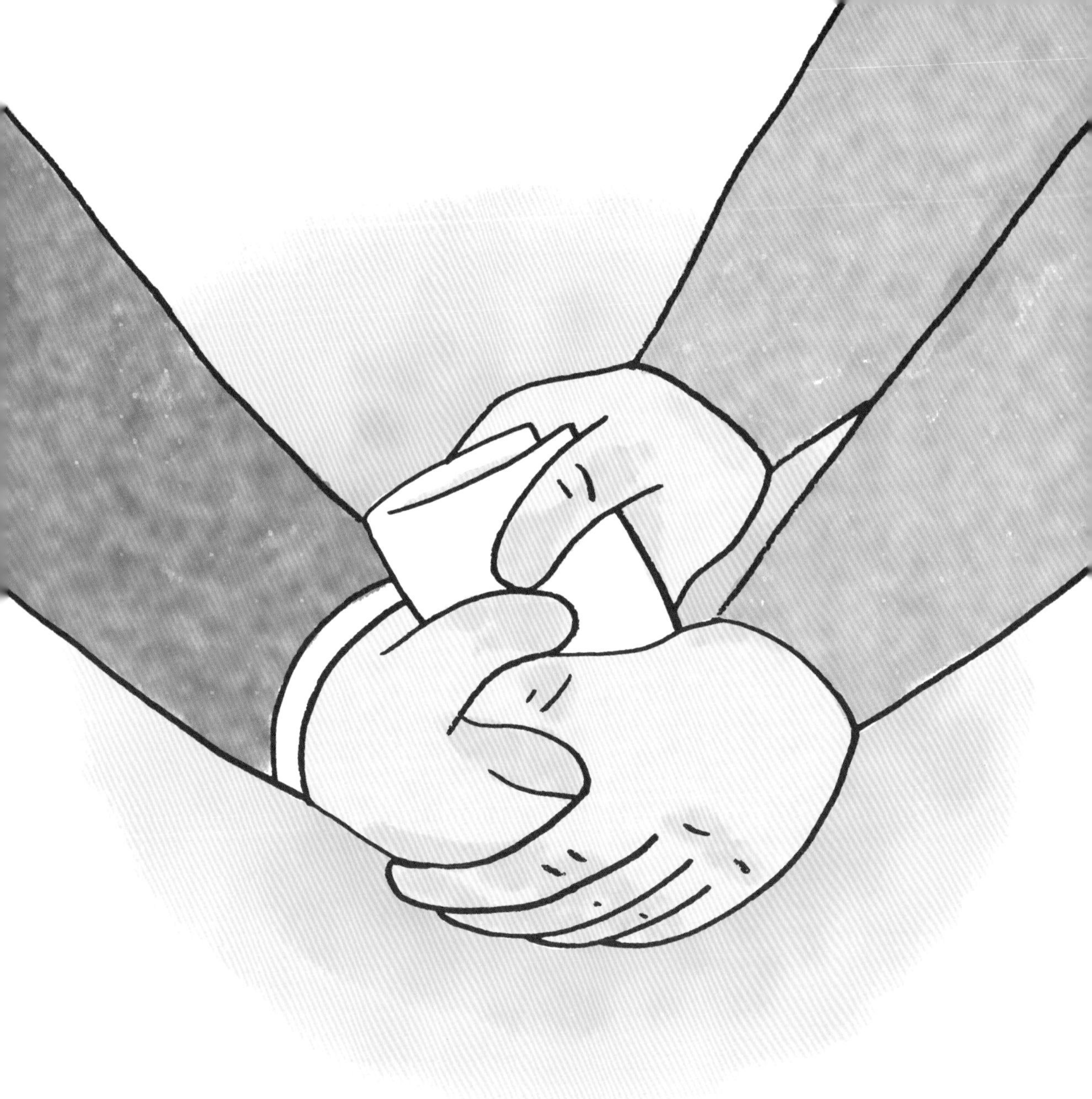

落ちこむぼくに
ばーちゃんが小さくたたんだ紙をわたしてきた
「一綱、じーちゃんが大事にしていたものだよ
受けとってね」

紙を広げてみると
そこにはぼくの名前が書いてあった
じーちゃんが名付けの時に
書いてくれたもの…

「そうだ、じーちゃんとの思い出も
じーちゃんの想いも
全部この名前につまっている」

ぼくはもう一度前を向こうと決めた

大横綱のしこのように
一歩一歩 力 強く
自分らしく進んでいこう！

それがじーちゃんがぼくに
残してくれた
名前への「想い」だから

今ぼくは「一綱」だと胸をはって言える
「じーちゃん、最高の贈りものをありがとう」
次は僕が贈る番だ!!

＼これだけはしておきたい／

相続への準備　財産を把握しましょう

何から始めたらいいの？

持っている資産（財産）を正確に知ることが大切です。
思い当たる資産を書き出してみましょう。
預貯金や有価証券は口座ごと、土地は筆ごと、保険は契約ごと。
細かく書き出せば、資産の整理整頓が進めやすいと思います。
書き出してみるとその資産に対する思い出もよみがえってきます。
誰に受け継がせたいかなどの理由もわかってきます。
できれば土地や建物などの評価額も調べておきたいものです。

ポイント

- 資産の一覧表（財産目録）を作成することで、資産の整理整頓と誰に託すべきかを考えるきっかけになります。
- 資産はそれぞれに相続時の評価方法が違います。
- 一覧表が出来上がったら、家族に見せて意見を聞いてみるのも良いでしょう。
- 銀行口座をまとめるなど資産の個数を減らし、わかりやすい資産構成にしましょう。

相続税ってみんなにかかるの？

いいえ。相続税には基礎控除が設定されています。亡くなられた方の相続財産が基礎控除を超えなければ相続税はかかりません。ほかにも死亡保険金や死亡退職金の非課税枠（法定相続人の数×500万）があります。

相続人が3人の場合、
3,000万＋（3人×600万）＝4,800万円までは
相続税はかかりません。

＼これだけはしておきたい／

相続への準備

遺言書を書きましょう

何のために遺言書を書くの？

遺言書は財産を誰にどのように分けるかを示すものですが、私は遺言書をご自身とご家族を幸福にする「幸せの切符」だと思っています。人生を振り返り、妻や子ども、お世話になった人たちのことを思って、感謝の気持ちを込めて作成するものだと思うのです。
日ごろ面と向かってなかなか言えないこともあるでしょう。伝えたい想いをカタチにしてこれからの人生、もしご自身やご家族が道に迷われたとき、立ち戻れる指針や原点に遺言書にはなってほしいのです。
もちろん作成するには、財産把握は欠かせません。評価額を調べるといった手間のかかることもありますが、せっかくなので子どもにも協力してもらいましょう。そのときに、家を建てた経緯やあなたの若い頃の話、先代から言われてきたこと、家族の思い出などを作成の過程で話したり書き残したりしましょう。このようなことを通じて資産に対する想いがまとまり、誰に何を託したいのか、何を伝えたかったのかが明確になります。
遺言書には、財産のことだけでなく「付言事項」といって想いを書き示すことができます。
ネガティブな言葉を残すのはやめましょう！過去を振り返ると辛かったり、腹立たしいことの方が印象的で、ついついネガティブな言葉を選んでしまいます。
遺言書作成のルールは、「感謝の気持ちを込めて！」これ、忘れないでくださいね！
ご自身と大切なご家族のため、今後の指針となる最高の遺言書を作成しましょう！

ポイント

作成するまでの過程も含めて「幸せの切符」です。
次世代のため、先祖のルーツ、財産の歴史についてもまとめましょう。

遺言書を書くメリットは？

遺言書を書くことで、あなた自身と相続する方の双方にメリットがあります。

1. 作って良かった！あなた自身のメリット

これまでに遺言作成のお手伝いをした方から次のような声が上がっています。

①文章にしたら自分の想いが明確になって不安がなくなりました。
②相続のことや今後の生活のことを話すきっかけになり、家族の会話が増えました。
③相続を勉強して知識が豊富になり、より納得のいく相続の形ができました。

遺言書に書くことで、法で定める範囲内であれば希望通りに財産を分けることができます。法定相続人ではない方、たとえば長男の妻や孫、お世話になった人たちにも財産をあげられます。

2. あって良かった！相続する側のメリット

主なものは次のとおりです。

①遺産をどう分けるかで悩まなくて済みます。
②相続の最初の関門、誰が相続人かの調査（戸籍集め）の負担が軽減されます。
③相続人全員の署名捺印が不要になるため、手続きに素早く取り掛かれます。

相続人の誰かが海外に住んでいて連絡がとれなかったり、疎遠な関係になっていたりすると遺産分割の協議や手続きが進みません。遺産分割協議が整わない場合は家庭裁判所での調停、審判になります。それらを避けられることも大きなメリットです。

遺言書はどんなものでもいいの？

法律で定める方式に従えば、レシートやチラシの裏に書いても立派な遺言書になります。民法でいくつかの方式が定められており、ご自身が手書きで作成するもの（財産目録のみワープロ可）を自筆証書遺言と呼びます。内容が決まっていればいち早く書け、費用も掛かりませんから一番作成しやすい方式です。ただ使用時には注意が必要です。
その他代表的な方式に、公正証書遺言があります。全国にある公証役場にて証人２人の立ち合いのもと作成します。こちらは公証役場への書類の提示、証人の準備や作成手数料等、手間と費用がかかるものの、公証人が作成してくれるため記載ミス等が防げます。
また原本は公証役場にて保管されるため、紛失時も再発行が可能です。
どちらもメリット・デメリットがあります。私が思うに、「誰のために残すものなのか」を念頭に置き、方式を選びましょう。内容含め「ここまでしてくれてありがとう」とご家族が思える残し方であれば、方式は問いません。

あとがき

私が生まれたとき、両親も祖父母もきっと喜んでいたと思います。祖父は「初孫につける」と、ずっと温めていた名前を私にプレゼントしてくれました。私にとって初めての贈りものが一生の相棒となり、一生の資産になりました。

子や孫の名前を考えるとき、その子の幸せを願わずにはいられません。簡単にはゆかないこの社会を、強くたくましく生き抜いていけるように、

「どうかこの子に笑顔の絶えない人生を」

とたくさんの人が寄り添い、幸せを願い、想いを込めて名前を贈ります。

相続ではどうでしょうか。

相続の現場でよく聞くのが「この土地はどうして売らずに残したの？」「預貯金口座が細かく分かれているのはどうして？」「本当は誰にあげたかったの？」という残された資産に対してのことです。

残されたご家族は、資産に対する行動指針があいまいなことで、遺産分割で悩んでしまいます。元気なうちに本人から聞いておかなかったことを悔やむ人も多くいらっしゃいます。資産だけが一人歩きして、想い（指針）が備わっていない相続を、私は今までたくさん目にしてきました。

人が初めてもらう資産を「名前」とするならば、人が最期に贈る資産（相続）にも、想いを込め、伝わるように準備しておく必要があるのではないでしょうか。

一生をかけて築いた資産を、器だけにしておくのはもったいないと思います。

資産との物語を思い出し、誰に継がせたいのか、管理はどうしていくべきか、伝えたいことを書き出す。資産に想いをつなげることで、評価額だけではない、「想いを込めたあなただけの資産」となります。

終活は資産のことだけでなく、生活面の準備も欠かせません。不安を先取りしてさまざまなことを準備万端にする。それは、身軽になってこれからの人生をより楽しむためなのです。

終活とともに、幸せな人生を歩んでください。

幸せなあなたから次世代へ 「最高の贈りもの」 を届けましょう！

「ありがとう」と感謝が生まれる相続の秘訣は、きっとそこにあります。